HISTOIRE ET THÈSE

SUR L'INSIGNE RELIQUE

DU

PRÉCIEUX SANG

DITE

DE LA SAINTE LARME

PAR

M. l'abbé PILLON, DE THURY,

VICAIRE-GÉNÉRAL DU KANSAS.

———∞∞∘∘OᴏOᴏOᴏ∘∘∞∞———

PARIS

AU BUREAU DU ROSIER DE MARIE,

PASSAGE COLBERT, 16.

—

1858

HISTOIRE ET THÈSE

SUR L'INSIGNE RELIQUE

DU

PRÉCIEUX SANG

DITE

DE LA SAINTE LARME

PAR

M. l'abbé PILLON, DE THURY,

VICAIRE-GÉNÉRAL DU KANSAS.

1858

CHAPITRE PREMIER

Découverte d'une Relique insigne du précieux Sang et son histoire.

Nous ne pouvons nous empêcher de faire part à nos abonnés d'une inestimable découverte faite par un de nos anciens directeurs, à qui Dieu semble avoir ménagé cet adorable trésor en récompense de ses hautes vertus et pour la consolation de son angélique bonté.

Il ne s'agit rien moins que de l'eau et du sang divin recueillis par la sainte Vierge et les saintes femmes, lorsqu'elles lavèrent, selon la coutume des Juifs, le corps et les plaies sacrés du Sauveur, après l'avoir descendu de l'arbre sanglant de la croix. Pour fixer l'attention de tout le monde catholique sur une relique aussi insigne, nous avons cru devoir en parler longuement et en composer une thèse divisée en deux chapitres. Le premier traitera de l'historique de cette adorable relique; le second de son authenticité et du culte qu'on doit lui rendre (1).

(1). Le mot *culte* exprime le témoignage d'honneur ou de respect que nous rendons à un être qui est au-dessus de nous. Le culte est *intérieur* ou *extérieur*: intérieur, lorsqu'il ne se manifeste par aucun signe, demeurant con-

EXTRAIT AUTHENTIQUE

DE L'HISTOIRE DE LA SAINTE LARME (1)

DE NOTRE-SEIGNEUR JÉSUS-CHRIST

Par le R. P. Jacques le Merchier,

Chanoine régulier, Profès de l'abbaye de ce nom.

D'après l'exemplaire de 1736, conservé dans la bibliothèque
de M. l'abbé Corblet, président de la Société des antiquaires de Picardie
et directeur de la REVUE DE L'ART CHRÉTIEN.

I

LA SAINTE LARME TRANSPORTÉE DE JÉRUSALEM A ROME ET DE ROME A CONSTANTINOPLE.

L'Église a été persécutée dès son berceau, et elle n'a pu avoir
la liberté d'offrir publiquement à son divin Époux l'agréable en-
cens de ses prières qu'au commencement du quatrième siècle,
sous l'empire du grand et pieux Constantin.

____

(1) On donne le nom de sainte Larme à la relique insigne dont nous parlons, parce qu'elle est renfermée dans un tube de verre en forme de larme.

centré dans le fond de notre âme; extérieur, lorsqu'il se produit au dehors
par la parole ou les mouvements du corps. Comme le culte change de nature suivant le sujet auquel il se rapporte et le motif qui l'inspire, on distingue le culte *civil* et le culte *religieux;* le culte suprême et le culte inférieur
ou subordonné; le culte *absolu* et le culte *relatif.* Lorsque nous honorons
un roi, c'est un culte civil, culte suprême en son genre; si nous honorons
ses ministres, c'est un culte civil, mais inférieur; si nous respectons son
image, sa statue, c'est encore une espèce de culte civil, culte tout à fait relatif, qui se termine à la dignité royale. Il en est de même du culte religieux, quoiqu'il appartienne à un ordre supérieur : le culte que nous rendons
à Dieu, comme au Créateur et au souverain Seigneur de toutes choses, est
le culte suprême, qu'on appelle aussi culte de latrie, *l'adoration proprement
dite,* qui ne convient qu'à Dieu. *Dominum tuum adorabis et illi soli servies.*
(Saint Matthieu, chap. IV, vers. 10.)
2. Pour ce qui regarde l'adoration qui est due à Dieu, l'Église catholique
enseigne qn'elle consiste principalement à croire qu'il est le Créateur et
le Seigneur de toutes choses, et à nous attacher à lui de toutes les puis-
sances de notre âme, par la foi, par l'espérance et par la charité, comme à
celui qui seul peut faire notre félicité, par la communication du bien infini
qui est lui-même. » (Bossuet, *Exposition de la doctrine de l'Église catholique,* nº 3.)

Ce prince et sainte Hélène sa mère, ayant embrassé la religion chrétienne, donnèrent tous deux, par toute la terre, des marques sensibles de leur piété. Sainte Hélène alla à Jérusalem chercher la croix sur laquelle notre Sauveur a consommé l'œuvre de notre salut; et, par un secours tout particulier du Ciel, elle la trouva, et, après avoir fait bâtir plusieurs églises, tant sur le Calvaire que dans Jérusalem et autres lieux, elle retourna à Rome, chargée d'une partie du précieux trésor qu'elle avait miraculeusement recouvré.

Le grand Constantin de son côté donna, par ses édits, la liberté aux ministres du Sauveur d'offrir partout le sacrifice de la messe. Il fit édifier une infinité de belles églises qu'il dota et enrichit de vaisseaux d'or et d'argent. Il laissa au pape saint Sylvestre et à ses successeurs la ville de Rome pour y établir leur siége, et choisit celle de Bysance, depuis appelée de son nom Constantinople, ou la ville de Constantin, pour être le trône de son empire.

C'était bien de l'honneur à Constantinople de renfermer dans son enceinte le trône du plus vaste empire de l'univers; mais le comble de sa gloire fut lorsque Constantin y porta la sainte Larme, que ce pieux empereur estimait être le plus précieux trésor de l'Église, et avec raison; car la croix, les clous, les épines, etc., n'ont été sanctifiés que par l'attouchement du corps adorable de Jésus-Christ, au lieu que la Larme empourprée de son sang divin faisait partie de son humanité sacrée.

3. Après avoir dit en quoi consiste le culte que nous rendons à Dieu, nous allons parler du culte de Jésus-Christ, comme homme.

4. C'est un dogme catholique qu'on doit adorer Jésus-Christ, et comme Dieu et comme homme : comme Dieu, puisque Jésus-Christ est Dieu, et que l'adoration est le culte qu'on rend à Dieu; comme homme, *puisqu'en vertu de l'union hypostatique, il ne peut être adoré comme homme sans être adoré comme Dieu; cette adoration s'adresse à la personne même du Verbe fait chair.* On ne distingue point, à l'égard de Jésus-Christ, un culte pour la nature divine et un culte pour la nature humaine; car les deux natures n'ont qu'une seule et même personne, la personne divine, à laquelle se rapporte le culte que nous rendons à Jésus-Christ. C'est pourquoi, quand nous disons que l'on doit adorer l'humanité, nous ne la séparons point du Verbe comme nous ne séparons point le Verbe de l'humanité dont il s'est revêtu : « Neque « vero hujusmodi (Domini) corpus a Verbo dividentes adoramus, dit saint « Athanase, neque cum Verbum volumus adorare ipsum a carne removemus.» (Lettres à Adelphius). Suivant le cinquième concile œcuménique et le concile de Latran de 649 : « Si quelqu'un dit qu'on adore Jésus-Christ dans deux natures, admettant deux espèces d'adoration, l'une pour Dieu le Verbe, et l'autre pour l'homme pris séparément; ou si, confondant l'humanité avec la divinité, il adore Jésus-Christ comme étant une seule nature ou une seule essence; au lieu d'adorer, par une action unique, Dieu le Verbe incarné, conjointement avec la nature humaine, selon ce qui a été transmis dès le commencement à la sainte Église de Dieu, qu'il soit anathème. »—« Si quis adorari in duabus naturis dicit Christum, ex quo duas adorationes introdu-

II

LA SAINTE LARME APPORTÉE DE CONSTANTINOPLE A MOREUIL EN PICARDIE.

L'an 1203, les Français, aussi zélés pour l'accroissement de l'Église par leur piété que redoutables à leurs ennemis par leur force, prirent la ville de Constantinople, dont Baudouin, comte de Flandre, fut élu et couronné empereur, comme ayant le plus contribué à une conquête aussi considérable.

Ce prince, non moins vertueux que brave, s'appliqua d'abord à y faire refleurir notre sainte religion avec autant de soin qu'à y affermir son trône; mais ayant été fait prisonnier et ensuite tué malheureusement, il eut pour successeur en 1206, Henri son frère, héritier de sa vertu et de son courage.

L'empereur Henri, voulant rendre à l'Église son ancien lustre, fit exposer à la vénération des fidèles toutes les reliques qui, en différents temps, avaient été mises en dépôt dans cette ville, comme dans le lieu le plus honorable et le plus sûr de tout l'Orient. Il en trouva en si grand nombre, qu'il prit la résolution d'en distribuer une grande partie aux plus vaillants capitaines des armées, soit pour les récompenser des victoires qu'ils avaient remportées, soit pour qu'étant portées par leur moyen dans tous les endroits

cunt, semotim Deo Verbo, et semotim homini : aut, si quis ad peremptionem carnis, aut ad confusionem deitatis et humanitatis, unam naturam sive essentiam convenientium pertentose dicens, sic adorat Christum, sed non una adoratione Deum Verbum incarnatum, cum jus carne adorat juxta quod sanctæ Dei Ecclesiæ ab initio traditum est, talis anathema sit. » (Labbe, tome V, col. 574, et tome VI, col. 241.) En effet, les Pères, entre autres saint Cyrille de Jérusalem, saint Augustin, saint Épiphane, saint Ambroise, saint Grégoire de Nysse, saint Grégoire de Nazianze, saint Athanase, enseignent clairement que l'on doit adorer l'humanité de Jésus-Christ : ce qui est d'ailleurs conforme à l'Écriture. Certainement, saint Paul parlait de l'homme-Dieu ou de Jésus-Christ comme homme lorsqu'il dit : « Il s'est abaissé lui-même, se rendant obéissant jusqu'à la mort, et jusqu'à la mort de la croix. C'est pourquoi Dieu l'a élevé et lui a donné un nom qui est au-dessus de tout nom, afin qu'au nom de Jésus tout genou fléchisse dans le ciel, sur la terre et dans les enfers, et que toute langue confesse que le Seigneur Jésus-Christ est dans la gloire de Dieu le Père. « Humiliavit semetipsum, factus obediens usque ad mortem, mortem autem crucis. Propter quod et Deus exaltavit illum, et donavit illi nomen, quod est super omne nomen : ut in nomine Jesu omne genu flectatur, cœlestium, terrestrium et internorum; et omnis lingua confiteatur, quia Dominus Jesus-Christus in gloriâ est Dei Patris. » (Épître aux Philip., chap.. II, vers. 8 et suiv.

4. Il n'en est pas de l'adoration de l'humanité de Jésus-Christ comme du culte de la croix. Nous adorons l'humanité de Notre-Seigneur en tant

de la chrétienté, elles fussent honorées avec plus de dévotion et de zèle ; soit enfin de crainte que la ville de Constantinople tombant entre les mains des infidèles, les monuments sacrés ne fussent profanés.

Bernard de Soissons, seigneur de Moreuil, en Picardie, eut l'honneur d'être un de ceux qui furent trouvés dignes d'une faveur si singulière ; car s'étant signalé par sa bravoure, tant à la prise de Constantinople qu'au recouvrement de la Terre-Sainte, l'empereur lui donna la sainte Larme, qu'il reçut avec une satisfaction d'autant plus grande, qu'il estimait ce don précieux au-dessus de tout ce qu'il pouvait attendre pour récompense de ses glorieux exploits.

Ravi de posséder un tel trésor, Bernard remercia très-humblement l'empereur, prit congé de Sa Majesté, et partit aussitôt de Constantinople pour retourner en son pays. L'impatience où il était de faire part de son bonheur à ses compatriotes lui fit hâter ses pas, et en peu de temps il arriva dans sa terre de Moreuil, chargé de cette riche dépouille.

Il ne fut pas plutôt entré dans son château, qu'il appela ses voisins, ses proches et ses amis, disant : « Réjouissez-vous avec moi, non pas pour une drachme qui avait été perdue, mais pour la possession d'une perle inestimable. » Il plaça cette précieuse relique dans son oratoire pour l'avoir plus facilement présente à ses yeux, et la garda de cette manière depuis 1206 jusqu'à 1209, lui rendant tout le respect et la vénération possibles, soupirant

qu'elle est unie à la divinité ; tandis que nous n'adorons point la croix ; le culte que nous lui rendons, comme au signe de notre salut, n'est qu'un culte relatif, qui se rapporte au Sauveur du monde expirant sur la croix.

5. Nous adorons le sacré Cœur de Jésus, parce que nous ne le séparons ni de l'humanité de Jésus, ni de la personne de Jésus, qui est la personne du Fils de Dieu, la personne du Verbe fait chair : « Neque vero (Christi) corpus a Verbo dividentes adoramus. » (Saint Athanase, Lettre à Adelphius.) La bulle *Auctorem fidei* condamne les trois propositions suivantes du synode de Pistoie, touchant le culte de l'humanité et du sacré Cœur de Jésus ; savoir : 1° « Propositio quæ asserit, *adorare directe humanitatem Christi, magis vero aliquam ejus partem fore semper honorem divinum datum creaturæ ;* quatenus per hoc verbum *directe* intendat reprobare adorationis cultum, quem fideles dirigunt ad humanitatem Christi, perinde ac si talis adoratio, qua humanitas ipsaque caro vivifica Christi adoratur, non quidem propter se et tanquam nuda caro, sed prout unita Divinitati, foret honor divinus impertitus creaturæ, et non potius una eademque adoratio, qua Verbum incarnatum cum propria ipsius carne adoratur.

CENSURA :

Falsa, captiosa, pio ac debito cultui humanitati Christi a fidelibus præstito ac præstando detrahens, et injuriosa.

2° Doctrina quæ devotionem erga sacratissimum cor Jesu rejicit inter desans cesse à la vue de cet objet, et ne désirant rien plus, dans son tendre amour, que de passer le reste de sa vie à pleurer devant cette divine Larme.

Mais que les desseins de Dieu sont bien différents de ceux des hommes ! Ce bon seigneur se proposait de borner la vénération de la sainte Larme à ses hommages et à ceux de sa famille, tandis que le Saint-Esprit disposait son cœur à la mettre entre les mains d'une communauté religieuse, pour y être adorée de toutes les contrées de la terre.

On peut dire en effet que la Providence divine, toujours admirable en ses desseins, n'avait pas tiré de la plus grande ville du monde ce flambeau céleste pour le cacher sous le boisseau d'un simple château seigneurial, mais pour le poser sur un des plus illustres chandeliers de l'Église ; le Ciel, en ôtant cette douce rosée à un pays que l'infidélité devait rendre stérile, a voulu féconder l'univers catholique.

III

LE SEIGNEUR DE MOREUIL DONNE LA SAINTE LARME AUX ABBÉS
ET RELIGIEUX DE SAINT-PIERRE-LEZ-SELINCOURT.

Bernard, poussé par une inspiration divine de mettre la sainte Larme entre les mains de quelques dévots religieux, se mit en

votiones quas notat velut novas, erroneas aut saltem periculosas, intellecta de hac devotione, qualis est ab apostolica sede approbata.

CENSURA :

Falsa, temeraria, perniciosa, piarum aurium offensiva, in apostoliam sedem injuriosa.

3º Item, in eo quod cultores cordis Jesu hoc etiam nomine arguit, quod non advertant sanctissimam carnem Christi, aut ejus partem aliquam, at etiam humanitatem totam cum separatione, aut præcisione a Divinitate adorari non posse cultu latriæ ; quasi fideles cor Jesu adorarent separatione, vel præcisione a Divinitate, dum illud adorant, ut est cor Jesu, cor nempe personæ Verbi, cui inseperabiliter unitum est, ad eum modum, quo exsangue corpus Christi intriduo mortis sine separatione aut præcisione a Divinitate adorabile fuit in sepulchro.

CENSURA :

Captiosa, in fideles cordis Christi cultores injuriosa.

Si non-seulement il est permis, mais si c'est un devoir d'adorer l'humanité de Jésus-Christ, en tant qu'elle est unie à la Divinité, on peut par là même adorer le sacré cœur de Jésus, comme faisant partie de son humanité, qui, à partir du moment de l'incarnation, n'a jamais été séparée de la personne du Verbe.

prières dans son oratoire ; et là, les larmes aux yeux, il demanda humblement à Jésus-Christ la grâce de connaître le lieu où sa souveraine bonté voulait qu'il déposât ce riche trésor. Chose admirable ! il n'eut pas sitôt fini son oraison, que Dieu, qui est toujours prêt à nous écouter, lui déclara intérieurement que l'abbaye de Saint-Pierre-lez-Selincourt était l'endroit choisi par sa divine providence, où, jusqu'à la fin des siècles, sa Larme précieuse serait l'objet des adorations de tous les peuples.

Que notre Bernard fut content d'entendre ainsi son Souverain parler à son cœur ! Quelle consolation pour lui de ressentir en son âme ces flammes célestes, dans un temps semblable à celui où les apôtres en furent visiblement remplis ! Et comme il était persuadé que les grâces du Saint-Esprit ne demandent aucun retardement, il se disposa aussitôt à exécuter ces ordres secrets avec d'autant plus de joie, qu'il savait que les religieux de Saint-Pierre étaient des modèles de vertu, faisant le jour et la nuit le divin office, avec une modestie angélique, dans le plus magnifique temple de la province de Picardie.

Ce fut donc l'an 1209, aux fêtes de la Pentecôte, que ce bon seigneur de Moreuil partit de sa terre, chargé de la sainte Larme, pour la déposer en cette célèbre abbaye. Au moment où ce seigneur arriva sur les confins du territoire, les cloches de l'église sonnèrent toutes, sans autre aide que celle des anges, pour donner lieu par cet événement miraculeux à une réception plus glorieuse de cet inestimable trésor.

En effet, le seigneur de Moreuil, croyant qu'à son insu les religieux avaient été avertis de sa marche, s'arrêta avec toute sa compagnie pour les attendre. D'un autre côté, l'abbé Vuillard, homme d'une vertu distinguée, s'entretenait avec ses religieux de discours spirituels, et leur faisait comprendre les consolations intérieures que reçoit une âme qui se laisse remplir des dons célestes du Saint-Esprit ; et voilà que tout à coup les cloches sonnèrent. On courut voir ce que c'était, et n'ayant vu personne qui y mît la main, l'abbé estima que Dieu leur promettait par là quelque avantage extraordinaire.

Dans cette pensée, il fit préparer la procession ; et, s'étant revêtu de ses habits pontificaux, la mitre en tête et le bâton pastoral à la main, accompagné de tous ses religieux, il sortit du monastère, s'avançant du côté que Dieu lui inspirait.

A peine eurent-ils cheminé un petit quart de lieue qu'ils rencontrèrent le seigneur de Moreuil qui tenait entre ses mains la Larme sainte du Sauveur du monde ; et ce seigneur, ayant en peu de mots déclaré ses intentions à l'abbé, lui donna cette Larme vénérable, pour la placer dans son abbaye, comme en un lieu choisi de Dieu pour cet effet.

L'abbé, ayant reçu ce don précieux des mains de ce dévot seigneur, se prosterna à genoux, adora avec une humilité profonde cette relique divine, la baisa et l'appliqua sur ses yeux qui, à l'approche de cette Larme sacrée, versèrent un ruisseau de larmes. Il la donna pareillement à baiser aux religieux et aux assistants, qui tous fondirent en pleurs à la vue d'une faveur si singulière.

Ensuite le pieux abbé et les religieux, suivis du seigneur de Moreuil et de sa compagnie, retournèrent au monastère, chantant des hymnes et des cantiques, pour louer et bénir le seigneur Dieu tout-puissant, toujours saint en ses œuvres et admirable en ses décrets.

IV

LA SAINTE LARME CONSERVÉE DANS L'ÉGLISE DE SAINT-PIERRE AU MILIEU DES RUINES DE L'ABBAYE.

La sainte Larme étant placée dans l'abbaye de Saint-Pierre, comme dans un lieu destiné du Ciel pour y recevoir les hommages des fidèles, chacun court pour y obtenir des faveurs. Un nombre infini de malades, languissants ou infirmes, se trouvent miraculeusement guéris; il s'y forme un pèlerinage célèbre, et notamment le jour de la Pentecôte. On y érige en l'honneur de cette Larme divine une *vénérable* et *salutaire* confrérie, pour me servir des termes de Guillaume, évêque et comte de Noyon; et le pape Clément VI, d'heureuse mémoire, l'enrichit abondamment des trésors de l'Église, par les indulgences qu'il accorde l'an 1347.

Cette célèbre abbaye de Saint-Pierre est demeurée dans sa splendeur depuis sa fondation, faite par très-haut et puissant seigneur Gautier du Tirel, troisième de ce nom, prince de Poix, et dame Fidèle de Selincourt, son épouse, à la prière du bienheureux Milon de Selincourt, abbé de Saint-Josse-au-Bois ou Dommartin, l'an 1130, jusque environ l'an 1446.

A cette époque, de douloureuse mémoire pour la France, les religieux ne furent pas seulement outragés par les gens de guerre qui ravageaient tout le pays, mais même l'église et les autres édifices, de cette abbaye furent consumés par le feu, en telle sorte qu'il ne resta que les murailles et une partie de la voûte, particulièrement au chœur. C'est ce qui contraignit alors l'abbé et les religieux d'abandonner leur monastère avec d'autant plus de douleur, qu'ils voyaient, par leur fuite, ce saint lieu exposé à toutes sortes de profanations.

Ce qui donna plus d'embarras d'esprit à ces bons religieux, fut de trouver un moyen sûr de conserver la sainte Larme ; mais Dieu, qui se montre toujours favorable à ceux qui l'invoquent dans la sincérité de leur cœur, leur inspira de mettre cette sainte relique dans une pierre de la voûte du chœur, où, après plus de vingt ans que l'abbaye avait été déserte, elle fut retrouvée dans le même état qu'elle y avait été mise.

V

LA SAINTE LARME PORTÉE DANS LES VILLES, BOURGS ET VILLAGES POUR EXCITER LES FIDÈLES A FAIRE AUMONE AUX RELIGIEUX.

Les guerres étant finies, l'abbé et les religieux retournèrent dans leur maison, et, avec l'aide de personnes charitables, ils firent réparer le cloître, le chœur de l'église et le clocher. Ils n'avaient pas moins d'empressement à rétablir la nef de l'église et les autres bâtiments démolis ; mais ne pouvant subvenir à une dépense si considérable, sans être secourus des aumônes des fidèles, l'abbé Guillaume Matifas s'avisa, pour y parvenir, d'en demander la permission au révérend père en Dieu Mgr Hubert, abbé et général de Prémontré, et au chapitre général séant à Saint-Martin de Laon. Elle lui fut accordée le 10 de mai 1490.

En conséquence de cette permission, par un acte du 8 octobre de la même année, il nomma et constitua ses procureurs, quêteurs et agents, les RR. PP. de Soulezmontier prieur, curé de la paroisse de Brocourt, et Pierre Balel, prêtre religieux conventuel de ladite abbaye, très-bon prédicateur. Il leur confia les plus notables reliques de son église, savoir :

La sainte Larme ;
Le bras de saint Pierre ;
Le pied de saint André ;
Et la ceinture de sainte Marguerite.

Pour exciter les fidèles à contribuer de leurs biens au rétablissement de ce saint lieu, par l'exposition de ces précieuses reliques et des indulgences accordées par le pape Clément VI.

Désirant favoriser ces bons pères dans leur pieuse entreprise, messire Jean de Cambrin, doyen et chanoine de la cathédrale, vicaire général de l'illustrissime et révérendissime Pierre, évêque d'Amiens, leur donna la permission de faire la quête dans tout le diocèse ; il ordonna de plus aux abbés, abbesses, prieurs, prieures, doyens, prévôts, curés et chapelains, de recevoir les religieux nommés à cet effet, leur enjoignit de laisser exposer dans leurs églises les reliques de ladite abbaye, savoir : la sainte Larme de Notre-Seigneur Jésus-Christ.

Cette permission est en parchemin, datée du 21 octobre 1490.

L'illustrissime et révérendissime Mgr Guillaume, évêque et comte de Noyon, pair de France, voulant donner des marques de sa bonté aux abbés et religieux de Saint-Pierre-lez-Selincourt, leur accorda aussi la permission d'aller, par tout son diocèse, exposer la Larme sainte de Notre-Seigneur Jésus-Christ et les autres reliques, avec ordre à tous les abbés, abbesses, prieurs, doyens, chapitres, curés et chapelains de les recevoir favorablement, et les faire recevoir par ceux qui leur sont soumis, leur permettant de publier les indulgences et grâces à eux accordées, comme aussi la vénération de la très-sainte Larme de Notre-Seigneur Jésus-Christ, établie dans l'abbaye de Saint-Pierre.

Cette permission est en parchemin, datée du 23 novembre 1498.

VI.

RENOUVELLEMENT DE L'ANCIENNE CONFRÉRIE ÉTABLIE DANS L'ABBAYE DE LA SAINTE LARME, AVEC INDULGENCE PLÉNIÈRE.

Notre saint-père le pape Alexandre VII, d'heureuse mémoire, ayant été informé des grands biens produits par la pieuse et charitable confrérie de la Sainte-Larme, établie dans l'abbaye de Saint-Pierre-lez-Selincourt, sous l'invocation de Jésus-Christ ressuscitant Lazare de Béthanie, dont les confrères et consœurs ont accoutumé d'exercer plusieurs actes de piété et de charité, a bien voulu, afin que cette confrérie s'accrût de jour en jour en dévotion, accorder à tous les confrères et consœurs qui, confessés et communiés, visiteront le sanctuaire de la sainte Larme, la seconde fête de la Pentecôte, une indulgence plénière de leurs péchés, comme aussi les jours de fêtes du Saint-Sacrement, de saint Pierre et saint Paul, de saint Joseph et de l'Assomption de la sainte Vierge.

Cette bulle est datée du 12 novembre 1660, l'an vi* de son pontificat. Elle commence par ces mots : *Cum sicut accepimus.*

Au bas de cette bulle est l'approbation de l'Ordinaire, en ces termes :

Carolus Houlon, etc., visis præsentibus indulgentiarum litteris..., illas approbavimus et approbamus, mandantes omnibus...

Datum Ambiani, anno Domini 1661, die 23 mensis maii. Signatum : Guille.

La bulle susdite a été publiée dans tout le diocèse d'Amiens, et plus particulièrement dans les paroisses des environs de l'abbaye. Les peuples y vinrent en foule aux fêtes de la Pentecôte et y viennent encore aujourd'hui, pour participer aux trésors de l'Église miséricordieusement répandus en leur faveur, et dont ils sont redevables à la Larme précieuse de Notre-Seigneur Jésus-Christ. Aussi reçoivent-ils toujours, outre les grâces intérieures, des marques sensibles de la bonté de Dieu par les guérisons miraculeuses qui ne cessent de s'y opérer, à la grande consolation des fidèles.

Imprimatur.

CAROLUS FILLON, *vic. gén.*

Aujourd'hui évêque de Saint-Claude.

Cenomani, die 30 nov. 1857.

MIRACLES DE LA SAINTE LARME

DE NOTRE-SEIGNEUR JÉSUS-CHRIST.

MIRACLES ARRIVÉS A DIVERSES PERSONNES QUI ONT HONORÉ ET VISITÉ LA SAINTE LARME.

Il n'y a personne qui, voyant le mouvement continuel de la sainte Larme, sans aucune altération ni diminution, ne s'étant jamais desséchée par les chaleurs de l'été, ni gelée par les rigueurs de l'hiver, n'avoue que cette divine Larme est un miracle perpétuel; et ainsi il ne serait pas nécessaire de rapporter ici les autres miracles qui ne sont en quelque façon que les effets de celui-là. Néanmoins, pour satisfaire quelques âmes pieuses qui m'en ont prié, j'ai tiré de l'abbaye quelques extraits des plus modernes, étant presque impossible de les réduire tous par écrit, vu leur grand nombre (1).

L'an 1618, M. Louis Manier, prêtre, curé de la paroisse de Verton, du diocèse d'Amiens, ayant perdu la vue par maladie, et fait vœu de visiter la sainte Larme, l'a recouvrée entièrement, ce que ledit sieur Manier a témoigné et signé le 22 juillet de ladite année.

Marguerite de la Haye, femme Josse d'Aulnay, du village de Bezancourt, de ce diocèse, a recouvré la vue qu'elle avait perdue depuis six mois, et ce, au moment même qu'elle a promis de faire le pèlerinage de la sainte Larme. Ce qu'elle a signé le 23 juillet 1620.

Louis de Graincourt, diocèse de Rouen, âgé de soixante-douze ans, avait perdu la vue pour la seconde fois, en telle sorte qu'il ne pouvait faire un pas sans être conduit. Il a été guéri le lendemain de son vœu à la sainte Larme. Ce qu'il a témoigné le 12 août 1620.

Demoiselle Jeanne Verdusan, femme d'Antoine Jacomel, écuyer, seigneur de Froyel, en ce diocèse, étant, par maladie, devenue aveugle, eut aussitôt recours au Médecin des médecins, avec promesse d'aller rendre ses adorations à la sainte Larme ; ce qu'ayant fait, elle reçut soulagement, et vit aussi bien qu'auparavant. Ce qu'elle a signé en présence des demoiselles Marie et Anne Jacomelle, ses filles, et de Marie Hénoult, sa fille de chambre, le 3 juillet 1632 ; et en action de grâces, elle a offert à ladite église deux yeux d'argent.

Jacqueline Catel, veuve de Nicolas Caron, demeurant à Étaples, diocèse de Boulogne, a ressenti les faveurs de la sainte Larme, six mois après avoir perdu la vue. Ce qu'elle a signé le 8 octobre 1639.

Jeanne Clément, fille de Noël Clément, pâtissier, demeurant à Amiens, âgée d'environ sept ans, étant tombée par accident dans le feu, sa vue a été jugée perdue par les chirurgiens qui la pansaient. Noël Clément, son père, a promis de faire le pèlerinage à la sainte Larme, et aussitôt elle a reçu guérison. Ce que ledit Clément a signé et Catherine Bigaudet, sa femme, présents témoins, le 22 mai 1643.

René de Caulières, fils aîné de messire Charles de Caulières,

<hr>

(1) En reproduisant sous le nom de miracles les guérisons rapportées dans ce chapitre, nous déclarons nous soumettre d'esprit et de cœur aux décrets du saint-siége sur cette matière.

chevalier, seigneur de Beaufrêne, diocèse de Rouen, et de dame Marie de Rumfort, s'est blessé à l'œil gauche d'une alène ou ferrement pointu, dont il a perdu la vue, nonobstant les remèdes que lui ont fait appliquer les médecins de Beauvais, Grand-Villiers et Neufchâtel. M. son père fit vœu d'aller visiter la sainte Larme, du conseil et avis de M. Sourdet, curé dudit lieu de Beaufrêne ; et dix à douze jours après, ce jeune enfant fut entièrement guéri, sans qu'il restât aucune apparence de blessure d'œil. Ce que ledit seigneur a signé en présence dudit sieur curé, du R. P. Ange Decaules, sous-prieur de l'abbaye, et de Pierre-Michel Le Cointe, trésorier-sacristain, et autres témoins.

Pareille guérison arrivée à Anne Bourdet, dudit lieu de Beaufrêne, qui avait l'œil droit percé d'une épine, ce que ledit sieur curé de Beaufrêne et Jacques Bourdet ont déclaré et signé, les mêmes jour et an que dessus.

Le 8 juin 1646, honorable homme, nommé Pierre Gellé, prieur de Hulles, bourgeois et ancien mayeur de Doullens, et demoiselle Marie Courtois, son épouse, voyant que Léonore Gellé, leur fille, âgée d'environ six ans, était affligée depuis trois ans d'une fluxion lacrymale à l'œil droit, eurent recours aux remèdes ordinaires ; et après en avoir éprouvé plusieurs, jusque-là que les médecins la jugèrent incurable, ils firent vœu à Dieu de visiter la sainte Larme, où s'étant transportés le 1er jour de septembre dudit an et après avoir fait leurs dévotions devant la Larme sainte de notre Sauveur, au même instant, la fluxion fut trouvée arrêtée, dont ils ont rendu grâces à Dieu. Ce qu'ils ont reconnu par un acte signé de leur main, par-devant les notaires royaux résidant à Doullens le 12 septembre 1646.

Pacquette de Rogé, femme de Charles Thorel, receveur de Leuilly, avait une grosseur au coin de l'œil droit, distillant continuellement, dont elle n'a pu être guérie par les remèdes ordinaires, même des plus habiles opérateurs, et particulièrement d'un opérateur italien très-expert ; elle s'est trouvée avec beaucoup de dévotion à la sainte Larme ; elle l'a visitée avec foi et espérance. Elle a reçu une parfaite guérison le 18 juin 1646. Ce qu'elle a signé par-devant Jacques Douchet, lieutenant de Leuilly, Jean Herman, François Flamant et Thorel, son mari, le 20 mars 1633.

Madeleine Longuet, fille de Pierre Longuet et de Marie Herman, demeurant à Villers-sous-Ailly, ayant l'œil percé d'un coup de couteau, sa mère fit le pèlerinage à la sainte Larme, et emporta avec elle de l'eau bénite dans laquelle on plonge le cristal qui renferme ce précieuse relique, et ladite Madeleine s'en étant appliqué dessus les yeux, le second jour, cette bonne fille s'écria à sa mère qu'elle voyait parfaitement et qu'elle était guérie. Et ont signé le 3 juin 1653.

Françoise Hébert, femme de François Prévost, de la ville d'Eu, arriva à l'abbaye sur le soir avec Michel Prévost, son fils, âgé d'environ douze ans ; laquelle a assuré que depuis un an son fils avait une fluxion sur les yeux, et que même depuis quinze jours, il avait tout à fait perdu la vue ; pourquoi elle avait promis de faire le pèlerinage de la sainte Larme, et qu'étant partie conduisant son fils par le bras et arrivée à deux lieues de l'abbaye, à la vue du clocher, elle avait commandé à son fils de se mettre à genoux et de réciter l'*Oraison dominicale* pendant qu'elle invoquerait le secours de la sainte Larme, et au même instant ledit Michel Prévost se trouva guéri, et fit le reste du chemin sans être conduit de qui que ce soit. Ce qu'ils ont affirmé véritable, présents témoins, le 10 mai 1669.

Marie-Madeleine de Launoy, fille de Guillain de Launoy, du village de Ligny-sur-Canche, a recouvré la vue qu'elle avait perdue d'une fluxion qui lui était tombée sur les yeux. Attesté le 24 mars 1673.

Le 3 mars 1675, Françoise Tilleu et Michel Rhédon, de la ville d'Amiens, ayant tous deux les yeux notablement tachés, ont fait vœu à la sainte Larme ; et s'y étant transportés la dernière fois, le jour de la Pentecôte de l'année 1680, ils furent tous deux guéris. Pourquoi, en action de grâces, ils ont fait présent à l'abbaye d'un tableau où ils sont représentés.

Le 3 juillet 1680, M. Nicolas-Pierre Lebel, sieur de Chantereine, a déclaré que Nicolas, son fils, avait eu, durant deux ans, l'œil gauche tout perdu, et qu'il avait employé à ce sujet tous les remèdes naturels et pris les avis des médecins d'Abbeville, sans pouvoir réussir. Ce qui l'a obligé de vouer le pèlerinage de la sainte Larme. Le vœu fait, l'enfant s'est trouvé guéri en peu de jours. Ce qu'il a déclaré en présence du sieur Antoine Boutillier, marchand de Calais, qui l'a vu dans son mal.

Étienne Fonteine, fils de Louis Fonteine, charron, demeurant à Corbie, rue des Prés, paroisse Saint-Thomas, ayant, dans une maladie de plusieurs mois, perdu la vue, nonobstant tous les remèdes dont il s'est servi, elle lui a été miraculeusement rendue, au moment du vœu que ledit Fonteine père et lui ont fait de visiter la Larme sainte de Notre-Seigneur Jésus-Christ. Ce qu'ils ont sincèrement déclaré, le 24 août de l'année 1720, au R. P. François l'Évêque, prieur, au R. P. Simon Hardy, sous-prieur, et au P. Louis Cordonnier, circateur de l'abbaye, en présence de plusieurs témoins et notamment du sieur Nicolas Prouzel, fermier de M. l'abbé de Croy, et de Jean Labite, meunier de ladite abbaye, par un acte authentique signé desdits Fonteine père et fils, desdits sieurs religieux et des témoins, ledit jour 24 août 1720.

Je mets fin à tous ces miracles pour ne pas fatiguer le lecteur; et je laisse à juger d'une infinité d'autres, par tous les différents présents, en or et en argent, qui accompagnent le reliquaire de la sainte Larme, qui sont autant de marques et de preuves sensibles de toutes les guérisons miraculeuses qu'ont reçues les pèlerins qui, avec confiance, ont visité et *adoré* cette Larme précieuse de Notre-Seigneur Jésus-Christ, à qui soit gloire et honneur dans tous les siècles des siècles.

Ainsi soit-il.

Certifié conforme au texte de l'exemplaire de 1736, conservé dans la bibliothèque du président de la Société des antiquaires de Picardie.

L'abbé CORBLET.

LETTRE DE M. DE TASCHER, DERNIER ABBÉ DE SAINTE-LARME-LEZ-SELINCOURT, DIOCÈSE D'AMIENS.

A Messieurs du Directoire du département de la Somme.

MESSIEURS,

La sainte Larme est, depuis plusieurs siècles, l'objet de la vénération constante des habitants de l'ancienne Picardie. Sa célébrité fut telle, dès les premiers temps, qu'elle changea le nom du temple où elle fut déposée et du monastère à la garde duquel elle fut confiée. Elle n'en fut déplacée qu'une fois, pour être transportée processionnellement dans l'église cathédrale d'Amiens.

La piété du cardinal de Créquy, alors évêque d'Amiens et abbé de Saint-Pierre-lez-Selincourt, avait déterminé ce déplacement; mais bientôt les fidèles, accoutumés à lui rendre leurs hommages, dans le lieu où Bernard de Moreuil l'avoit déposée, à son retour des croisades, se plaignirent et obtinrent qu'elle fust rapportée, avec le même appareil, dans l'église où elle repose encore.

Aujourd'huy le monastère est supprimé; mais l'église, par sa situation et sa grandeur, paroist devoir être conservée, pour devenir l'église paroissiale des villages qui l'environnent. Dans cette présomption qu'il vous appartient, Messieurs, de confirmer, j'ai cru devoir me permettre de représenter à M. Jumel, commissaire délégué par le directoire du district pour le récollement à faire en la cy-devant abbaye, qu'il paroissoit naturel et juste de conserver dans cette église le monument antique et vénéré dont elle porte le nom, et je lui ai offert de m'en constituer le gardien : il m'a répondu que l'église est trop isolée pour qu'il puisse y laisser le trésor, et qu'étant obligé de le transporter à Amiens, il ne peut se permettre d'en distraire aucune partie, de son autorité. Je viens donc vous supplier, Messieurs, d'authoriser M. Jumel à laisser la sainte Larme, pour en éviter le déplacement, soit en ma propre garde, soit en celle du sieur curé de Selincourt, ou de tout autre ecclésiastique qu'il vous plaira désigner ou que M. le commissaire voudra choisir.

J'ai l'honneur de vous observer que je ne demande ni le reliquaire, ni ses ornements, qui sont d'une certaine valeur, mais seulement le cristal qui contient la sainte Larme, lequel n'a aucune valeur métallique et est absolument indépendant de l'ostensoir auquel il s'adapte.

Je me charge, Messieurs, de lui procurer les ornements qui lui conviennent, soit en rachetant, s'il est possible, l'ostensoir auquel il est maintenant suspendu, soit en le remplaçant par un autre. Je m'oblige même, si vous l'approuvez, Messieurs, dans le cas où l'église ne seroit pas conservée, à construire à l'entrée de l'habitation dont vous avez bien voulu m'accorder l'usage, un oratoire où ce monument de la foy de nos pères pourra continuer d'estre exposé à la vénération des fidèles que la dévotion amène en grand concours à Sainte-Larme, à différentes festes de l'année.

Présenté le 8 février 1791.

Tascher,
Cy-devant abbé de Sainte-Larme.

Vu, etc. Le directoire du département autorise M. Jumel, commissaire du directoire du district, à laisser la relique de Sainte-Larme dans l'endroit où elle est déposée, sous la garde de M. Tascher, qui s'oblige de la représenter quand il en sera requis.

Fait en l'assemblée du directoire du département de la Somme, à Amiens, le 10 février 1791.

Trancart, Duhamel.

Berville,
Secrétaire général.

Aussi fidèle chrétien que fidèle commissaire, M. Jumel veilla religieusement à la conservation de la relique mise sous la garde de M. de Tascher, dont la pieuse sœur, la marquise de Chabert, la remit au R. P. Lemoine, prieur de l'abbaye de Sainte-Larme.

Ce bon religieux, condamné des médecins, étant venu se faire traiter à Abbeville, disposa de son inestimable trésor, à titre de reconnaissance, en faveur de la sœur S. François-de-Paule, religieuse minimesse dont la révolution a détruit le couvent.

M. Nicolle, d'Abbeville, doyen de Cressy-en-Ponthieu, déclare, en date du 6 novembre 1857, avoir été *certainement* vénérer *une fois* la relique de Sainte-Larme, dans l'église des minimesses de sa ville natale, avant la clôture de leur pauvre communauté. (Voyez *Pièces justificatives*, n° 3.)

Ce vénérable confesseur de la foi, aujourd'hui presque nonagénaire, atteste avoir parfaitement reconnu, à son retour de l'émigration, le cristal de roche qu'il avait vu, lors de son départ pour l'étranger, renfermant l'eau précieuse et le sang divin recueillis des plaies du Sauveur par les saints personnages qui, suivant la coutume des Juifs, lavèrent le corps de Jésus avant de l'ensevelir.

Le cristal transparent qui les contient, creusé en forme de larme, dont *tout le contenu a toujours porté le nom*, est extérieurement fissuré et entouré d'un cercle d'argent, dans l'intérieur duquel on lit l'inscription séculaire : Saincte Larme. Un anneau du même métal que le cercle, soudé dans la partie supérieure du médaillon, conserve encore actuellement l'extrémité inférieure d'un ancien cordon de fil d'argent, qui suspendait dans un ostensoir, auquel il s'adaptait, le cristal de forme ovale, entre deux autres cristaux quadrangulaires.

Afin de perpétuer dans l'Église une dévotion née avec elle, en offrant à la piété des fidèles le plus antique monument de la foi de nos pères, à côté de cet ancien cordon est attaché dans le même anneau un nouveau cordon de soie blanche, portant, sur de la cire rouge, les grand et petit sceaux de l'autorité épiscopale, apposés tous deux, après le plus consciencieux examen des pièces justificatives

Qui seminant in lacrymis in exultatione metent. (Ps. cxxv, 5.)

Imprimatur.

Carolus Fillion, *vic. gén.*

Aujourd'hui évêque de Saint-Claude.

Cenomani, die 30 nov. 1857.

CHAPITRE DEUXIÈME.

—

On doit rendre à la sainte Larme un culte de latrie proprement dit (1).

§ I. — CONSIDÉRATIONS PRÉLIMINAIRES.

Avant d'arriver aux preuves péremptoires qui démontrent aux fidèles les motifs de leur adoration, il est nécessaire que nous entrions dans quelques considérations préliminaires sur la sagesse de Dieu, sur sa bonté et sur la convenance logique qu'il y a à admettre la thèse que nous soutenons.

Répugne-t-il à la sagesse de Dieu et à son amour infini pour les hommes, d'avoir laissé à la terre quelques parcelles du sang divin de son fils pour la consolation des hommes, et comme devant être le mémorial toujours visible (2) de ses affectueuses merveilles pour eux, lorsque saint Thomas d'Aquin, l'ange de l'école, nous dit que les bienfaits de la divine largesse sont immenses, et qu'il n'est point de nation plus grande que la nation chrétienne, puisqu'un Dieu s'est approché si près d'elle, et que le fils unique du Père, pour nous rendre participants de sa divinité, a daigné prendre notre nature et se faire homme, afin que nous devenions des hommes-Dieu. Il a de plus, continue le même docteur, offert à Dieu son père, pour notre réconciliation, son corps comme une hostie vivante sur l'arbre de la croix ; il a répandu son sang pour notre rachat et

(1) Visus, gustus in te fallitur ; sed auditu solo tuto creditur.

(2) Nous déclarons cependant que, ici malgré les termes dont nous nous servons, cette proposition ne dépasse point les limites d'une opinion..

pour laver nos péchés, afin de nous racheter de la misérable servitude et pour laisser en nous un gage d'un si grand bienfait, et en conserver la mémoire, il nous laissa son corps en nourriture et son sang en breuvage, sous les apparences du pain et du vin (1).

Comment ne pas croire que Dieu, qui cherchait à perpétuer le souvenir de sa mort, ne nous ait point laissé intacts les précieux restes que nous en avions déjà? Comment croire que Celui qui a dit : «Je suis avec vous jusqu'à la consommation des siècles, » ait détaché sa divinité des parcelles de son sang précieux? Non, il ne nous semble pas admissible qu'il l'ait fait, car cette parcimonie répugnait à la largesse, à la profondeur et à l'immensité de son amour, tandis qu'il ne répugne pas à la foi catholique que le Fils de Dieu demeure dans les quelques gouttes du sang qu'il a léguées à ses enfants, pas plus qu'il ne répugne au dogme de la présence réelle que le Sauveur soit tout entier sous chaque petite partie de l'hostie après la consécration du prêtre; car l'Eucharistie n'est que le mémorial du bienfait de la rédemption : *Ut autem tanti beneficii jugis in nobis maneret memoria, corpus suum in cibum et sanguinem suum in potum........ fidelibus dereliquit*. Et ici encore nous pourrions dire que l'analogie qui existe entre les parcelles eucharistiques et les parcelles du sang précieux qui nous a rachetés, est tellement identique, que ce que l'on dit des unes, on pourrait le dire des autres. Si la divinité de l'hostie est entièrement présente sous chaque petite partie de l'hostie divisée et conservée, pourquoi ne serait-elle pas sous chaque partie de son sang séparé de son corps et divisé? Je ne vois guère d'objection sérieuse pour détruire ce raisonnement; je ne puis concevoir dans la pensée divine aucun motif pour qu'il en soit autrement; je vais même plus loin, et je dis : Si rien en cela n'a répugné à la sagesse divine, Dieu a dû le faire, car Dieu est tout amour, et son amour pour les hommes l'y portait invinciblement; et voici comment j'explique ma pensée :

(1) Immensa divinæ largitatis beneficia, exhibita populo christiano, inæstimabilem conferant dignitatem. Neque enim est, aut fuit aliquando jam grandis natio quæ habeat deos appropinquantes sibi, sicut adest nobis Deus noster. Unigenitus siquidem Dei filius, suæ divinitatis volens nos esse participes, nostram naturam assumpsit, ut homines deos faceret factus homo... Corpus namque suum pro nostra reconciliatione in ara crucis hostiam obtulit Deo patri : sanguinem suum fudit in pretium simul et lavacrum, ut redempti a miserabili servitute, a peccatis omnibus mundaremur? Ut autem tanti beneficii jugis in nobis maneret memoria, corpus suum in cibum, et sanguinem suum in potum, sub specie panis et vini sumendum dereliquit (St Thomas d'Aquin, *in Opusc.* 57.).

Dieu a dû prendre tous les moyens qui devaient le plus efficacement, aux yeux des peuples, renouveler d'une manière sensible le souvenir de sa douloureuse passion, leur rappeler le grand jour du rachat, le grand jour de toute l'effusion de son cœur. Qu'y avait-il de plus efficace que de laisser sur la terre quelques gouttes de son sang divin et de ses divins stigmates?...

Et en portant les hommes vers ces hautes pensées, n'a-t-il pas dû dans son amour, et pour la plus grande consolation des âmes fidèles, y laisser sa divinité même? car Dieu ne donne rien par mesure, mais il accorde avec abondance et sans repentir tout ce qu'il donne aux hommes. Or, est-il croyable que son amour pour nous, au milieu des nombreux miracles de notre rédemption et de notre sanctification, se soit arrêté, et qu'il se soit montré petit. Celui que nos saints livres appellent: *Grand dans ses œuvres, et magnifique dans ses pensées: Magnus est Dominus et laudabilis nimis. Quam admirabile est nomen tuum in universa terra!*

Encore une fois, serait-il possible, avec les idées que nous avons de Dieu, de sa sagesse infinie, de sa bonté immense, qu'il ait voulu soustraire sa divinité d'un sang qui nous avait rachetés pour n'en faire qu'une relique froide et morte, lorsque son amour, lorsque toutes ses institutions le ortaient à l'y conserver?

En effet, quelles merveilles n'a-t-il pas opérées pour demeurer avec les hommes, que n'a-t-il point fait pour leur céleste consolation? *Non relinquam vos orphanos.* Et vous voulez que lorsqu'il prend tous les moyens divins de rester avec eux, lorsqu'il console ses apôtres affligés, lorsqu'il soutient son Église par cette solennelle promesse: « Assurez-vous que je suis avec vous jusqu'à la fin du monde, » il ait ôté sa divinité de ces précieuses gouttes de sang qui l'avaient d'abord renfermée. Oh! non, cette supposition répugne à la sagesse et à la bonté de Dieu, et elle l'accuserait trop de parcimonie et de dureté pour que la proposition contraire soit vraie et digne d'attention.

Du reste, ceux qui supposent que la divinité s'est séparée des quelques gouttes de sang que Jésus-Christ a laissées à son Église, ne s'appuient sur aucun raisonnement solide. Ils disent que ces gouttes de sang n'ont plus de rapport avec l'humanité et deviennent comme placées en dehors de cette humanité sainte: *Hic sanguis remanens in terris non habet amplius ordinem ad humanitatem Christi ut sit pars ejus.*

Mais n'est-il pas admis d'une manière incontestable par l'Église et par tous les théologiens qu'une seule goutte de sang sacré, échappée des veines de l'Homme-Dieu, pouvait nous sauver? Eh bien ! cette goutte echappée n'aurait plus eu de rapport avec l'humanité, elle aurait été aussi jetée en dehors de cette humanité sainte, et cependant vous êtes forcé d'admettre qu'elle nous aurait sauvés infailliblement. Pourquoi donc voulez-vous que celles qu'il a répandues par la surabondance de son amour, et pour nous montrer la grandeur de nos iniquités, n'aient point la même puissance, c'est-à-dire *la même divinité?* ne serait-ce point une inconséquence impardonnable? Comment, voulez-vous que cette goutte échappée, *extra ordinem humanæ naturæ*, soit divine et que l'autre ne le soit pas? N'y a-t-il pas là un vice de logique? et ne serait-il pas plus raisonnable d'avouer que si la première pouvait sauver le monde, le seconde le pouvait également, *tant qu'elle restait dans la nature du sang*, reconnaissant que si la parcelle séparée de l'hostie contient en vérité la divinité de Jésus-Christ, la parcelle de son sang religieusement conservée et quelque petite qu'elle soit, la contient aussi réellement et par les mêmes raisons, et par les mêmes analogies jusquà ce qu'elle était anéantie ou par la transpiration, ou par l'évaporation, ou par la décomposition chimique? Mais ce n'est point ici le cas pour la relique dont nous parlons, puisqu'elle conserve encore sous l'analyse tous les éléments du sang.

On objecte de plus qu'il suivrait de cette vérité établie, *que quelques parties de la nature humaine se trouveraient encore unies hypostatiquement au Verbe ailleurs que dans le ciel et dans la divine Eucharistie.*

Mais nous répondons que cette union persévérante ne répugne nullement à la divinité, surtout en la rapprochant du mystère eucharistique, par lequel Jésus-Christ s'est plu à se multiplier sur tous les points connus du globe ; et cette objection, loin d'affaiblir notre thèse, ne fait que la corroborer davantage : *In omni loco sacrificatur et offertur nomini meo oblatio munda.*

Il est donc évident, par ce que nous venons de dire, que la divinité demeure attachée à la moindre parcelle du sang qui nous a sauvés, selon l'expression de S. Bonaventure : *Lancea latus sacrum illud aperiendo, quatenus sanguine cum aqua manante, pretium effunderetur nostræ salutis.* (Hom. *de Ligno vitæ*). Il est donc évident que dans cette union hypostatique rien ne répugne ni à la sagesse, ni à la bonté de Dieu, ni à ses divines institutions, rien qui ne soit conforme à l'esprit du christianisme, tandis que la proposition négative, dénuée de tout fondement, amoindrit l'amour immense de Dieu pour les hommes, et nous le montre avare dans ses bienfaits et petit dans ses œuvres.

L'abbé PILLON DE THURY.

§ II. — COMMENT DE TOUT TEMPS ON A HONORÉ LA SAINTE LARME ET LES PARCELLES DU PRÉCIEUX SANG.

C'est dans le sens que nous venons d'exposer plus haut que parle la tradition touchant la sainte Larme (1). Voici ce qu'il est dit dans plusieurs endroits de son histoire, conservée aux arch. es d'Amiens.

« Constantin laissa au pape saint Sylvestre et à ses successeurs la
« ville de Rome pour y établir leur siége, et choisit celle de Bi-
« zance, depuis appelée de son nom Constantinople, ou ville de
« Constantin, pour être le trône de son empire.

« C'était bien de l'honneur à Constantinople de renfermer dans
« son enceinte le trône du plus vaste empire de l'univers ; mais le
« comble de sa gloire fut lorsque Constantin y porta la sainte
« Larme (2), que ce pieux empereur estimait être le plus précieux
« trésor de l'Église, et avec raison ; car la croix, les clous et les
« épines, etc., n'ont été sanctifiés que par l'attouchement du corps
« adorable de Jésus-Christ, au lieu que la Larme empourprée de
« son sang divin faisait partie de son humanité sacrée. »

D'après ce passage si remarquable, il est évident que l'anti-quité a attaché à cette précieuse relique le culte de latrie propre-ment dit ; car pour la mettre au-dessus du bois sacré de la croix, des clous, et des épines, déjà eux-mêmes dignes d'un certain culte d'adoration (3), il faut que l'on suppose nécessairement l'union de la divinité à cette précieuse relique ; sans quoi cette phrase ne serait pas intelligible, et on ne concevrait pas comment le grand empereur aurait pu dire qu'*il l'estimait comme le plus précieux trésor de l'Église.* Car, en effet, si elle ne possède point la divinité, rien ne peut être classé au-dessus de la croix adorable du Sauveur, sur laquelle et par laquelle le Fils de Dieu a ra-

---

(1) Extrait authentique de l'*Histoire de la sainte Larme,* par le R. P. Jacques le Merchier, d'après l'exemplaire de 1736, conservé dans la Bibliothèque de M. l'abbé Corblet, président de la Société des antiquaires de Picardie.

(2) On a donné à la sainte relique, dont nous parlons, le nom de *sainte Larme,* de ce qu'elle est renfermée dans une petite *fiole lestée,* ayant la forme d'une larme, et aussi de ce que cette eau, *empourprée de sang divin,* a été probablement mélangée des larmes de la divine Mère du Sauveur, lorsqu'elle lava sur ses genoux les plaies sacrées de son fils.

(3) On veut parler ici de la croix, des épines et des clous non teints du sang du Sauveur et auxquels les fidèles rendaient le plus haut culte de vé-nération.

cheté le monde ; elle qui a été témoin de son amour pour les hommes et de son dernier soupir.

Voilà donc comme dès les premiers siècles de la foi on considérait la relique dont nous parlons ici ; et c'est avec cette même foi encore que Henri, frère de Baudouin, comte de Flandre, et son successeur au trône de Constantinople, fit exposer à la vénération des fidèles *toutes les reliques qui en différents temps avaient été mises en dépôt dans cette ville, comme dans le lieu le plus honorable et le plus sûr de tout l'Orient.* Il en trouva un si grand nombre, qu'il prit la résolution d'en distribuer une grande partie aux plus vaillants capitaines de ses armées (1).

Bernard de Soissons, seigneur de Moreuil en Picardie, eut l'honneur d'être un de ceux qui furent trouvés dignes d'une *faveur si singulière.* Remarquons bien tout ce passage.

« Car s'étant signalé par sa bravoure, tant à la prise de Constan-
« tinople qu'au recouvrement de la Terre-Sainte, l'empereur lui
« donna la sainte Larme, qu'il reçut avec une satisfaction d'autant
« plus grande, qu'il estimait ce *don précieux au-dessus de tout ce*
« *qu'il pouvait attendre* pour récompense de ses glorieux exploits.

« Ce noble chevalier ayant donc compris avec Constantin qu'il
« possédait comme lui le *plus précieux trésor de l'Église,* et ravi de
« le posséder, cont'nue le même historien, il se hâta de regagner la
« France pour en faire part à ses compatriotes. Rentré dans son châ-
« teau, il appela ses voisins, ses amis, disant : *Réjouissez-vous avec*
« *moi, non pas pour une drachme qui avait été perdue, mais pour*
« *la possession d'une perle inestimable.*

« Il plaça cette précieuse relique dans son oratoire, pour l'avoir
» plus facilement présente à ses yeux et la garda de cette manière
« depuis 1206 jusqu'à 1209.

« Mais que les desseins de Dieu sont bien différents de ceux des
« hommes ! Ce bon seigneur se proposait de borner la vénération de la
« sainte Larme à ses hommages et à ceux de sa famille, tandis que
« le Saint-Esprit disposait son cœur à la mettre entre les mains
« d'une communauté religieuse, *pour y être adorée de toutes les*
« *contrées de la terre* (2).

« On peut dire en effet que la Providence divine, toujours admi-

(1) Cette distribution put avoir plusieurs motifs : une récompense accordée à la bravoure, le désir de les faire honorer plus solennellement et la crainte de la profanation, dans le cas où Constantinople tomberait entre les mains des infidèles.

(2) Nous citons toujours l'histoire authentique de la sainte Larme.

« rable en ses desseins, n'avait pas tiré de la plus grande ville du
« monde ce *flambeau céleste* pour le cacher sous le boisseau d'un
« simple château seigneurial, mais pour le poser sur un des plus
« illustres chandeliers de l'Église ; le Ciel, en ôtant cette douce rosée
« à un pays que l'infidélité devait rendre stérile, *a voulu féconder*
« *l'univers catholique.*

« Bernard, poussé par une inspiration divine de mettre la sainte
« Larme entre les mains de quelques dévots religieux, se mit en
« prières dans son oratoire ; et là, les larmes aux yeux, il demanda
« humblement à Jésus-Christ la grâce de connaître le lieu où sa
« souveraine bonté voulait qu'il déposât ce *riche trésor.* Chose admi-
« rable ! il n'eut pas sitôt fini son oraison que Dieu, qui est toujours
« prêt à nous écouter, lui déclara intérieurement que l'abbaye de
« Saint-Pierre-lez-Selincourt était l'endroit choisi par sa divine pro-
« vidence, où sa Larme précieuse serait l'objet des *adorations de*
« *tous les peuples.* »

N'est-il point visible que toutes ces expressions : *digne d'une fa-*
veur si singulière ; ce don précieux au-dessus de tout ce qu'il pou-
vait attendre ; possession d'un prix inestimable ; pour y être adorée
de toutes les contrées de la terre ; le ciel a voulu féconder l'univers
catholique où la *Larme précieuse sera l'objet des adorations de tous*
les peuples (1), ne peuvent s'entendre que dans le sens rigoureux
de latrie, et ne sont qu'une conséquence immédiate de la croyance
des premiers siècles.

Mais voyons comme vont la recevoir ceux à qui elle va être désor-
mais confiée, quel culte ils lui rendront. Observons que d'abord le
religieux seigneur de Moreuil n'a choisi les moines de Saint-Pierre
que parce qu'ils sont des modèles de vertu, faisant le jour et la nuit
le divin office, avec une modestie angélique, dans le temple le plus
magnifique de la province de Picardie. Aurait-il pris une si grande
précaution s'il n'eût possédé la plus précieuse relique du monde ?

Enfin, continue l'historien dont les paroles pleines de foi rendent
si bien la croyance traditionnelle, « ce fut donc l'an 1209, aux fê-
« tes de la Pentecôte, que ce bon seigneur de Moreuil partit de sa
« terre, chargé de la sainte Larme, pour la déposer en cette célèbre
« abbaye. Au moment où ce seigneur arriva sur les confins du
« territoire, les cloches de l'église sonnèrent toutes, sans autre aide
« que celle des anges, pour donner lieu par cet événement miracu-
« leux à une réception plus glorieuse de cet *inestimable trésor.*

(1) Ne perdons pas de vue que le mot *larme* ne vient que du *vase* en forme
de larme qui contient *l'eau empourprée du sang divin.*

En effet, le seigneur de Moreuil, croyant qu'à son insu les reli-
« gieux avaient été avertis de sa marche, s'arrêta avec toute sa
« compagnie pour les attendre. D'un autre côté, l'abbé Vuillard,
« homme d'une vertu distinguée, s'entretenait avec ses religieux de
« discours spirituels, et leur faisait comprendre les consolations
« intérieures que reçoit une âme qui se laisse remplir des dons cé-
« lestes du Saint-Esprit ; et voilà que tout à coup les cloches sonnè-
« rent ! On courut voir ce que c'était, et n'ayant vu personne qui y
« mît la main, l'abbé estima que Dieu leur promettait par là quel-
« que avantage extraordinaire.

« Dans cette pensée, il fit préparer la procession : et, s'étant revêtu
« de ses habits pontificaux, la mitre en tête et le bâton pastoral à
« la main, accompagné de tous ses religieux, il sortit du monas-
« tère, s'avançant du côté que Dieu lui inspirait.

« A peine eurent-ils cheminé un petit quart de lieue, qu'ils ren-
« contrèrent le seigneur de Moreuil qui tenait entre ses mains la
« Larme sainte du Sauveur du monde ; et ce seigneur, ayant en peu
« de mots déclaré ses intentions à l'abbé, lui donna cette Larme
« vénérable, pour la placer dans son abbaye, comme en un lieu
« choisi de Dieu pour cet effet.

« L'abbé, ayant reçu ce don précieux des mains de ce dévot sei-
« gneur, *se prosterna à genoux, adora avec une humilité profonde*
« *cette relique divine, la baisa et l'appliqua sur ses yeux qui, à l'ap-*
« *proche de cette Larme sacrée, versèrent un ruisseau de larmes. Il*
« *la donna pareillement à baiser aux religieux et aux assistants,*
« *qui tous fondirent en pleurs à la vue d'une faveur si singulière.*

« Ensuite, le pieux abbé et les religieux, suivis du seigneur de
« Moreuil et de sa compagnie, retournèrent au monastère, chan-
« tant des hymnes et des cantiques, pour louer et bénir le Seigneur
« Dieu tout-puissant, toujours saint en ses œuvres et admirable en
« ses décrets.

Nous pourrions pousser beaucoup plus loin nos investigations,
recueillir d'immenses matériaux pour démontrer qu'elle a toujours
été honorée du culte de latrie, soit dans les annales, soit dans l'office sacré qui l'a environné, soit dans les objets du culte qui ont
servi à son exposition, soit dans les croyances publiques à cet
égard ; mais nous nous arrêtons ici, et nous terminons par ces
mots, comme l'historien qui ferme la liste des miracles opérés par
cette précieuse relique :

« Je mets fin à tous ces miracles pour ne pas fatiguer le lecteur ;
« et je laisse à juger d'une infinité d'autres, par tous les différents

« présents en or et en argent qui accompagnent le reliquaire de la
« sainte Larme, qui sont autant de marques et de preuves sensibles
« de toutes les guérisons miraculeuses qu'ont reçues les pèlerins
« qui, avec confiance, ont visité et *adoré cette Larme précieuse de*
« *Notre-Seigneur Jésus-Christ, à qui soit gloire et honneur dans*
« *tous les siècles des siècles.*
   « Ainsi soit-il ! »

Mais à ces preuves de tradition déjà si nombreuses, s'en joi-
gnent beaucoup d'autres encore, et d'autant plus fortes, qu'elles
concernent un culte de latrie rendu aux reliques du même
genre que la sainte Larme, et que l'Eglise possède dans plusieurs
autres parties du monde, telles qu'à Prague en Bohême, à Mantoue
en Italie, à Bruges en Belgique, à Turin en Piémont, à Paris et à
Rome.

§ III. — THÉOLOGIE.

Nous arrivons enfin aux preuves théologiques. Ici notre thèse
se fortifie, de telle sorte qu'elle devient inattaquable. Pour plus de
clarté, nous la diviserons simplement, comme l'École, en preuves
de la sainte Ecriture, du Symbole, des conciles, des saints Pères et
des Papes.

L'humanité du Christ, pour me servir du langage théologique,
manque par elle-même de propre subsistance, *caret propria subsis-*
tentia, et n'a constitué une seule personne, *unam personam consti-*
tuit, qu'avec la subsistance du Verbe, d'où il résulte dans le Christ
l'union personnelle, *unio personalis.* L'union consiste dans l'assemblage des choses qui concourent à former un tout ; *Ad unum consti-*
tuendum concurrunt. Or, la divinité et l'humanité sont deux choses
qui concourent à former cet assemblage qui constitue l'Homme-
Dieu, *unum theantropum concurrunt ;* d'où résulte dans le Christ
l'union de la divinité et de l'humanité qui produit l'unité de personne formée de deux natures, qu'on appelle union personnelle ou
hypostatique.

Cela posé, on ne peut comprendre Jésus-Christ sans cette union
et sans cette union indissoluble et éternelle, selon les paroles du
saint Évangile : *Regni ejus non erit finis (Luc., I, 33) ; Christus*
manet in æternum (Joan., XII, v. 34). L'Homme-Dieu a bien pu
mourir, être enseveli, ressusciter ; mais sa divinité n'a jamais pu

quitter ni son corps ni son âme : car du moment que la divinité aurait abandonné le corps du Christ, ce n'aurait plus été le corps du Christ, mais le corps d'un homme ; ce qui a fait dire avec une grande vérité ces paroles : *Quod Deus assumpsit non dimisit.* C'est ce qui a inspiré à saint Paul ces sublimes expressions en parlant du Fils de Dieu : *Cum iterum introducit primogenitum in orbem terræ, dicit : Et adorent eum omnes angeli Dei..... Et ad angelos quidem dicit : Qui facit angelos suos spiritus, et ministros suos flammam ignis....., Ad Filium autem Thronus tuus, Deus in sæculum sæculi, et tu in principio, Domine, terram fundasti, et opera manuum tuarum sunt cœli....., Ipsi peribunt, tu autem permanebis..... Tu autem idem ipse es et anni tui non deficient.*

Il en est de même de chaque partie du corps adorable du Sauveur : si vous ne reconnaissez pas qu'à chaque petite partie soit jointe la divinité, ce ne sera plus le sang du Christ, mais le sang d'un pur homme, *non sanguis Christi*, puisqu'il n'y a de Christ que par l'union hypostatique ; d'où il suit rigoureusement que le Christ devait ressusciter et être éternellement assis à la droite de son Père dans le ciel : *Christus manet in æternum et regni ejus non erit finis.*

C'est fondé sur ces graves motifs que le concile de Calcédoine définit que dans le Christ l'une et l'autre nature ont concouru à former la même personne d'une manière *indivisible et inséparable.*

Mais si vous supposez qu'une partie du Christ a pu être réduite au néant, je ne vois point pourquoi on ne pourrait pas dire avec la même vérité que s'il eût plu à Dieu de nous laisser une plus grande partie de son corps, il n'y serait pas uni non plus par sa divinité. Mais Pourrait-on bien supposer que si Jésus-Christ avait daigné nous laisser sur la terre la moitié de son cœur, sa divinité n'y serait pas ? La grosseur de la partie laissée ne peut constater la présence ou l'absence de la divinité, pas plus qu'on ne peut supposer que Jésus-Christ dans l'Eucharistie réside *dans telle ou telle partie séparée de l'hostie et non dans l'autre.*

Si maintenant vous admettez que le Christ peut souffrir la corruption du tombeau dans une des parties saintes et immaculées qui composèrent son humanité, que devient alors la parole du prophète : *Nec dabis sanctum tuum videre corruptionem ?* (Ps. 15.) Que devient cette parole de l'Apôtre insultant la mort par la victoire que Jésus-Christ a remportée sur elle : *Ubi est mors victoria tua ?... Ubi est mors stimulus tuus ?* Si Jésus-Christ a succombé sous l'anathème du péché dans une des parties de son être ?... Cette supposition est-elle admissible ? Non, pas plus qu'il n'est admissible que la très-pure et très-immaculée Vierge ait pu demeurer un seul instant sous la moindre domination du démon : *Nec dabis sanctum tuum videre corruptionem.*

Terminons ces considérations par un remarquable passage de saint Paul, dans son épître aux Hébreux. Son application à la thèse que nous défendons y jettera une lumière nouvelle, et nous fera mieux comprendre encore la volonté de Dieu par rapport aux parcelles du sang de son Fils. C'est l'Apôtre lui-même qui nous expliquera toute l'efficacité de ce sang divin dans les ombres de la loi antique, dans la moindre goutte de l'eau lustrale, dans le plus petit grain de poussière, reste inerte des victimes immolées. *Si enim sanguis hircorum aut taurorum et cinis vitulorum aspersus inquinatos sanctificat ad emundationem carnis, quanto magis sanguis Christi?* (Saint Paul aux Hébreux, ch. 9.) Donc n'est-il pas évident que si Dieu a accordé une telle puissance à quelques gouttes du sang séparées de la victime où à la poussière d'un animal irraisonnable en vue du sang de Jésus-Christ, à combien plus forte raison n'a-t-il pas dû, *même après la résurrection*, conserver à ce même sang, *quelque petite qu'en soit la parcelle*, toute l'efficacité qu'il ne peut avoir que par son union à la divinité : *Quanto magis sanguis Christi?*

Mais, outre cette preuve de l'union hypostatique confirmée par l'Écriture, il en est une autre qui est encore d'un poids immense et qui se trouve souvent invoquée par les saints docteurs et les Pères les plus célèbres de l'Église, c'est la preuve tirée du symbole des apôtres.

Credo in Jesum qui conceptus... passus sub Pontio Pilato, crucifixus mortuus, sepultus, descendit ad inferos : et tertia die resurrexit. Par ces articles, l'Église ne confesse-t-elle pas publiquement que le Verbe est resté uni, pendant les trois jours de la mort du Christ, à son âme et à son corps ? Et quand elle dit : *Le Christ a souffert, est mort, a été enseveli*, n'entend-elle pas que la divinité est demeurée jointe à l'humanité, non pas à une partie de l'humanité, mais à l'humanité tout entière en même temps, et aux moindres parties constitutives de cette humanité ; car si on n'admet point que la divinité soit jointe aux parties constitutives de l'humanité, quelque petites qu'elles soient, *on nie par là même qu'elle soit dans le tout*, puisque chaque partie de la nature humaine en Jésus-Christ constitue l'Homme-Dieu ou *le theantropon*. Ou bien encore on est invinciblement amené à déterminer la quantité de la nature humaine nécessaire pour recevoir la Divinité ou le Verbe : conséquence qui serait d'une absurdité complète et qui nous conduirait même à nier, au moment de l'incarnation, l'union du Fils de Dieu, la deuxième personne de la Trinité, à l'humanité. Si, dans l'autre hypothèse on reconnaît que la divinité est unie à chaque partie du corps de Jésus-Christ d'une manière *indissoluble et inséparable*, comme le définit le saint concile de Chalcédoine, il faut alors prouver ou par des faits, ou par la tradition, ou par l'Écriture et non par des *suppositions gratuites*, qu'elle *s'est séparée des unes et non des autres après la résurrection;* et tant qu'on ne l'aura prouvé, nous nous appliquerons l'axiome de l'École : *Melior est conditio possidentis.*

Voyons maintenant comment et en quel sens ont parlé les Pères de l'Église sur les précieux restes du sang adorable de Jésus-Christ.

Saint Bonaventure déclare que le sang qui a teint la lance du soldat, qui y est resté attaché et que Jésus-Christ n'a point repris dans sa résurrection, est le *prix de notre salut;* certes il n'entend donc point que la divinité en soit séparée : *Quatenus sanguine cum aqua manante pretium effunderetur nostræ salutis.* (Hom. de *Ligno vitæ.*)

Saint Augustin affirme que le sang qui a rougi la lance est le même sang qui a été répandu pour la rémission des péchés. N'exprime-t-il pas clairement ici que la divinité ne s'en est point séparée?..... *Unus militum lanceâ latus aperuit et continuo exivit sanguis et aqua..... ille sanguis qui fusus est, in remissionem fusus est peccatorum.* (S. Augustin, *in Tractatu,* 120, *in Joann.*)

Saint Jean Damascène confesse que, quoique le Christ ait souffert la mort comme homme, et que sa sainte âme se soit séparée de son corps immaculé, la divinité n'a cependant jamais quitté ni l'âme ni le corps, de quelque manière que ce soit : *Divinitas a neutro, hoc est nec a corpore, nec ab animâ, quoque modo sejuncta est;* il a donc confessé qu'en aucune manière cette séparation n'avait eu lieu, ni dans les parties, ni dans le tout, ni avant ni après la résurrection : *Quoque modo sejuncta est.* (Livre 3 *de la Foi,* ch. 27.)

Saint Athanase *(de salut. Christi Adventu),* saint Grégoire de Nysse *(de Résurrect.),* saint Léon *(sermo 17, de Passione),* et une foule d'autres docteurs enseignent)· même doctrine.

Mais terminons par deux éloquentes citations :

« O bienheureuse ouverture du côté sacré du Sauveur, dit Innocent VI, que par vous ont coulé de nombreuses et magnifiques grâces de la charité divine! O heureuse lance qui nous a valu tant de bienfaits! en ouvrant le côté du Christ, vous nous avez ouvert les portes du céleste empire; en le blessant, vous avez guéri nos blessures, vous nous avez rendu la vie et le salut!... Fidèles, que les instruments *salutaires* de la passion soient donc sacrés à vos yeux. » *(In Decreto de festo Lanceæ et ClavorumDomini.)*

Si quelques gouttes du sang de l'agneau pascal, placées au frontispice des maisons des israélites, dit saint Jean Chrysostôme, ont pu les préserver de l'ange exterminateur et les ont délivrés de l'ennemi, de quelle vertu ne sera point le sang de Jésus-Christ. *Quanto magis terrebitur inimicus.* (Office du précieux Sang.)

Tous ces passages ne démontrent-ils pas la vertu du Sang divin dans ses moindres parcelles, et ne voit-on pas évidemment que les saints Pères ne les auraient point exaltées si haut, ne les auraient point environnées de tant d'hommages et de vénération, s'ils avaient eu notre croyance? Ne reconnaît-on pas qu'ils n'en auraient point parlé en des termes si glorieux, s'ils avaient pensé qu'elles n'étaient plus qu'une vaine poussière abandonnée par la divinité? En un mot, comme le remarque la bouche d'or de l'Orient, comment auraient-ils pu accorder au cérémonial figuratif des juifs une vertu, une puissance qu'il tenait des seuls mérites du Messie, sans accorder au sang précieux du Messie lui-même toute la puissance *salutaire* qu'il tient de la divinité?..... Si donc le sang de l'agneau séparé de sa victime, si le sang des boucs et des taureaux, si la cendre des génisses, *longtemps encore après leur immolation*, conservaient des propriétés salutaires qui ne leur étaient point ôtées, *quanto magis sanguis Christi, quanto magis terrebitur inimicus...* Oui, il est évident que, pour admettre la proposition contraire, il faut renverser en Dieu l'ordre admirable de sa sagesse et de sa bonté, il faut accepter sans preuves une thèse opposée à la croyance générale; il faut supposer que Dieu a été mesquin et avare dans ses dons et qu'il a plus accordé aux figures de l'ancienne loi qu'au Testament nouveau, signé dans le sang de son Fils. Une telle supposition est-elle rationnelle? une telle supposition est-elle logique? et l'admettre n'est-ce point bouleverser toutes nos idées de l'amour de Dieu? n'est-ce pas renverser toute l'économie du christianisme!... Sans doute le Verbe pouvait quitter les parties d'un corps qu'il avait habité, mais il n'a dû rien faire sans raison, et aucune cependant ne se présente sérieusement à l'esprit, de quelque manière qu'on envisage la question qui nous occupe. D'où nous concluons que Dieu ne l'a point fait. *Quod Deus assumpsit non dimisit.*

Néanmoins nous savons qu'une discussion s'est élevée en 1462, sous le pontificat de Pie II, entre deux ordres illustres, les Franciscains et les Dominicains; mais les parties étaient trop intéressées à soutenir et à combattre la thèse que nous établissons, pour que nous nous occupions de cette controverse, soulevée plutôt par des motifs étrangers au sujet que par de solides raisons. Nous conti nuerons donc l'enchaînement de nos preuves sans égard à cet incident historique (1).

Nous arrivons enfin à l'opinion émise par les pontifes romains et nous pouvons dire qu'elle nous est favorable.

Voici ce que dit Pie II dans sa bulle à un abbé de Sainte-Maries-des-Nantes.

« Il ne répugne pas d'affirmer que notre Sauveur nous a laissé sur la terre, en mémoire de sa Passion, quelques gouttes du sang qu'il a répandu sur la croix : *Non repugnare esserere redemptorem nostrum, de sanguine in cruce effuso, ob ipsius passionis memoriam, partem aliquam in terris reliquisse.* »

Clément VI (*In extrav. unigenitus*), admirant la bonté de Dieu, déclare : « Ce n'est pas seulement une petite goutte qui, à cause de son union au Verbe, suffisait pour racheter le genre humain, qu'il a répandue pour nous, mais c'est un fleuve de sang : *Non guttam sanguinis modicam, quæ propter unionen ad Verbum ; ad redemptione totius generis humani sufficiebat, sed velut quoddam profluvium noscitur, effudisse.* »

De ce texte, il résulte 1° que Clément VI croit, comme chef de l'Église et d'accord avec la tradition, qu'une seule petite goutte du sang divin, à cause de son union au Verbe, pouvait, seule, sauver tout le genre humain, soit que cette goutte en fût séparée avant la mort du Christ, soit après. Il résulte 2° que si cette goutte, déclarée suffisau e, avait été répandue pendant la vie du Sauveur, elle n'aurait point .

(1) Voir l'*Histoire de l'Eglise*, 1642, et la *Théologie du Dominicain Schram,* édition de 1817 :

« Anno 1462, sub Pio II, gravis controversia orta est inter Dominieanos et Franciscanes. Franciscani negabant, sanguinem Christi triduo mortis effusum Divinitati unitum permansisse ; Dominicani affirmabant. Per tres dies, præsente ipso Papa, questio hæc disputata fuit, nec quidquam Papa definivit, sed Biennio post Cal. Augustini constitutionem edidit, et litigantibus silentium imposuit, sub pæna excommunicationis prohibens, ne partes aliqua erroris vel alterius censuræ nota se mutus configerent, donec a sancta sede res definiretur. Sed adhuc huc sub judice lis est. Unde perperam nonnulli sententiam negantem, ut temerariam, falsam et erroneam, et a sede Apostolica damnatam traducunt, uti notat Collius in dissert : *Sententiæ affirmanti et nos subscribimus,* tum quia S. Scriptura sæpe testatur, nos pretioso Christi sanguine redemptos esse, quæ virtus non erat, nisi ex unione cum Verbo : tum quia Patres testantur, in triduo mortis Christi divinitatem cum corpore et anima separatis conjunctam permansisse ; ergo etiam cum sanguine effuso, maxime quia sangninem ex experto Christi latere effluentem salutarem, et vivificum appellant : tum quia quod Verbum semel admisit, nunquam dimisit ; cum igitur sanguis sit pars vitæ necessaria in corpore, etiam effusus Divinitati unitus permansit : tum quia huic sententiæ aperte favent Pius II, Clemens VI, et Paulus II. »

été reprise dans la résurrection, puisque la résurrection n'aurait point eu lieu : une seule goutte de son sang répandu n'ayant pu lui donner la mort. D'où on conclut rigoureusement que la moindre goutte du sang de Jésus-Christ séparée de son humanité et non reprise par cette même humanité, contenait la divinité et pouvait nous sauver tant qu'elle restait goutte ou parcelle du sang de l'homme-Dieu ; *Gutta sanguinis modica, propter unionem ad Verbum ad redemptionem totius generis humani sufficiebat.* C'est là la croyance universelle de l'Église, énoncée par un grand pape, elle n'admet dans ses termes aucune exception, ni aucune distinction de temps.

L'historien de Léon III nous apprend que ce saint pape, dans un pèlerinage qu'il fit aux reliques du précieux sang de Mantoue, très célèbres par les nombreux miracles, les approuva.

Jules II confirma que le Saint-Sépulcre de Turin renfermait les gouttes du précieux sang répandu pour le salut du monde : *Testatur reliquias esse S.S. sanguinis fusi.*

Innocent VII, dans sa bulle *Splendor paternœ*, approuve également le sang de Weingartensis.

La bulle *Auctorem fidei* condamne ceux qui disent qu'on ne peut adorer du culte de latrie la chair de J.-C. *aut ejus aliquam partem.*

Après toutes ces considérations, je ne vois plus qu'un seul doute digne d'attention, ce serait de savoir si ce sang adorable, dont nous parlons, est susceptible d'une décomposition comme tous les autres corps matériels, et si dans cet état de décomposition il conserve la divinité. Voici notre réponse.

Si réellement on peut prouver qu'il y ait déjà eu décomposition dans les gouttes du sang de Jésus-Christ, laissées à la terre, il nous paraît certain que la divinité s'en est séparée, mais nous ne pouvons admettre cette décomposition sans une grande répugnance, et nous voudrions que les faits authentiques et la science fussent appelés à la constater, car il nous semble que cette décomposition répugne à la sainteté de Jésus-Christ et à la puissance de Dieu.

Qu'est-ce qu'une décomposition ? ce n'est autre chose, selon les chimistes, qu'une dissolution des parties, qu'*on appelle putréfaction,* et qui s'annonce par leur odeur fétide et leur couleur plus ou moins éloignée de celle qu'ils avaient dans leur état normal. Est-il croyable que Celui qui était le nouvel Adam et le divin réparateur ; que Celui qui ne devait qu'un instant souffrir la mort pour nous montrer l'abondance de son amour, ait ressenti les atteintes par quelques-uns de ses aiguillons, qu'il se soit corrompu dans quelques-unes de ses parties ? que deviendraient alors ces paroles du prophète : *Nec dabis sanctum videre corruptionem ?* Comment celui qui sous les glaces et le froid linceul des hivers conserve à l'homme les plantes utiles ; celui qui, à la neige qui couvre nos montagnes, fait succéder les beaux jours du printemps ; comment celui qui donne à la mer sa salubrité ; comment celui qui infiltre la vie dans tous les pores, dans toutes les fibres, dans toutes les veines, dans tous les ressorts de la nature, *in ipso vita erat* ; comment celui qui commandait en maître dans sa résurrection, aurait été blessé volontairement et pour toujours par elle, il lui aurait permis de le toucher de sa main cadavéreuse ! Comment ! Dieu aurait préservé de la corruption le corps immaculé de sa Mère, il aurait rendu invulnérable aux vers du tombeau le sein béni qui l'a porté, les mamelles bienheureuses qui l'ont allaité, et lui-même aurait été victime des horreurs du tombeau : comment ! Dieu conserva longtemps intacte et pure la manne du tabernacle, et il aurait abandonné à la putréfaction le sang adorable de son Fils, le vrai froment des élus ?... Il répugne de le croire.

Si on nous dit au contraire que cette décomposition n'a pas eu lieu, on avoue évidemment qu'il y a eu miracle : or, Dieu devant faire un miracle, il entrait davantage dans le plan divin de son amour de faire un miracle pour la conservation de la divinité.

Mais les deux cas que nous venons de présenter aux lecteurs ne se rencontrent nullement dans la sainte Larme : elle n'a pu en aucune manière souffrir de décomposition, puisqu'elle est conservée au milieu de l'eau qui a servi à laver les plaies de Notre-Seigneur, et qu'hermétiquement fermée dans un vase, en forme de larme soigneusement lesté, il ne peut y avoir aucun contact de l'air. D'où il suit que la sainte Larme est la plus précieuse relique que l'Eglise possède en ce moment.

Paris. — Typ. Cosson et Comp., rue du Four-St-Germain, 43.